Mehviyat

There are moments when one might be
at a loss of words

and unsaid words echo loudest

Brijendra Kumar Singh

Mehviyat - Brijendra Kumar Singh

Mehviyat

Mehviyat, literally translated to Musings or engrossment
is reflection on life, liberation, events, subtle
and complex human emotions and the many shades
in between that are often ignored, overlooked
or left unprocessed.

Kaagaz se Kalam ne jab rukhsat li..
ilm hua ..
Naa hii alfaaz mera the.. Naa hiii kaha ankahaa
Jazbaat Mera thaa..

These verses evolved in my journey and made me
comprehend or more often exclaim silently on paper
and keypad as spoken words were not to be found.

These verses have been my friends when no one was close
by and I do hope that they resonate well with readers
and bring them strength, or
stir an emotional chord.

Mehviyat - Brijendra Kumar Singh

Mehviyat

Urdu and Hindi are beautiful languages and the range
of emotions that can be engraved using these two might
be difficult in any other medium.

Mehnat, mashaqqat, karobaar aur taqseem me hindi
aur urdu kaa haath thodaa choot sa gaya..

Hence, this book is written in Roman script but for
readers who can understand Hindi and/or Urdu.

Separate edition in Hindi/Devanagari script would be
published soon.

Journey through a tapestry of themes that resonate
with the heart, reflecting on life's subtleties, joys,
sorrows, and the quiet strength and weaknesses found
in our deepest moments.

Mehviyat - Brijendra Kumar Singh

Mehriyat - Brijendra Kumar Singh

The essence, emphasis and beauty of poetry is to capture emotions at times navigating and breaking through bureaucratic framework imposed by language.

Mehviyat - Brijendra Kumar Singh

For mom & dad

you are always in my heart and source of
my strength!!

Mehviyat - Brijendra Kumar Singh

Mehviyat - Brijendra Kumar Singh

Etiraf / Acknowledgements

This book is dedicated to words that were left unsaid.

A special thanks to parents, brother, family and friends.

I am indebted to Tara buaji, Siraj, Ganesh, Amit Manchanda, Neeraj, Pranav, Pankaj Singh, Ankit, Ashish Joshi, Anjali, Payal, Nitesh, Pragati , Shreya, Raghav and my beautiful wife Bharti.. without your encouragement, guidance (and/or insistence) these words would not have been on paper.

Siraj was probably the first to suggest publishing and has been quite persistent in his demand over many years along with Amit and Ganesh.

Ganesh and Pragati lit the way by getting their books published... and provided valuable feedback and support during editing.

Mehviyat - Brijendra Kumar Singh

Mehviyat - Brijendra Kumar Singh

Saaqi

Mehviyat would not have been possible without my better half Bharti.

She provided both positive and critical reviews not only for this book but also for life and everyday experiences.

Much of what you are about to read follows from our conversations, perplexity, and laughter, and has been inspired by her in more ways than I can recollect.

Mehviyat - Brijendra Kumar Singh

Fehrist..

Saugaat (Gift)
Zindagi (Life)
Dastarkhwan (Dining Spread)
Rihayi (libration)
Sach (Truth)
Bheed (Mob)
Deewarein (Walls)
Kahaani (Story)
Ehsaas (Emotions)
Takaluff (Formality)
Masruufiyat (Busyness)
Shikast (Loss/Defeat)
Baatein (Conversations)
Kirdaar (Character)
Khayaal (Thought)
Tashbihat (Metaphor)
Kareeb (Near/ Close)
Karobaar (Business)
Hisaab (Calculations)
Auhde (Position / Power)
Kabhi (Sometime)

Fehrist..

Ummeed (Hope)

Asool (Rule)

Qilaband (Fortified)

Alfaaz (Words)

Tamasha (performance)

Paani (Water)

Matlab (Meaning)

Muskurahatein (Smiles)

Waqt (Time)

Mehfil (Gathering)

Mehviyat – Brijendra Kumar Singh

Mehviyat

Mehviyat - Brijendra Kumar Singh

Saugaat

(Gift)

Mehviyāt - Brijendra Kumar Singh

Saugaat

Pehli nazar me ajnabi ..
Magar Mumkin hai wo..
Meri kahaani ka koi nayaa
rukh (direction) le kar aaya hai..

Mere kirdaar ke jo safhaat (pages)
nazim (director /God) ne mujhse chupaaye rakhe the..
wo dabe alfaaz me bataane aaya hai.. .

Meri kahaani ke naye qisse.. falsafe..

Meri zindagi ke.. aadhe adhure...
surmai (grey).. sunhare..
lamhaat...
Mujh se bekhabar..
Kabhi bante Kabhi bigadte haalaat aur jazbaat.

Nazar se guzartaa har jaanaa anjaana Shaqs
hai khudaa ki saugaat

..

Mehviyat - Brijendra Kumar Singh

Saugaat

Magar ye..
Khudaa ka bhejaa mere liye..

Mere hii paigaam..
Saath laaya hai..

Aur kuch nahi to mere talaffuz durust karne aaya hai..

Mere Khaali lamhe aur safhaat ko bharne...
Ya unke kagaazi khilone banane aaya hai..

Pehli nazar me besudh..bekhabar..

Mere baare me mujhe kyaa kyaa baataane aaya hai..
Mujhse Meri hii shikayatein..
Aur Kabhi kabhaar taareefein karne aaya hai

..

Mehviyat - Brijendra Kumar Singh

Saugaat

Maikhaane ke daur se..
Khudaa ke dar tak
Meri aawaargi ko le jaane aaya hai..

Mere waade jo Maine khud se tod diye the..
Mere saath mere liye nibhaane aaya hai..

Pehli nazar me ajnabi..

Khudaa Ki saugaat ban kar aaaya hai..

Mehviyat - Brijendra Kumar Singh

Saugaat

Mehviyāt - Brijendra Kumar Singh

Mehviyat - Brijendra Kumar Singh

Zindagi
(Life)

Mehviyat - Brijendra Kumar Singh

Zindagi

Kabhi tajviiz (opinion / plan) se nahi chalti
Har din har ghadi har pal badalti ..

Zindagi..

Dua ibaadat darkhaasht ..kabhi sunti..
kabhi nazarandaaz karti
Lamhe me hamari..
Pal bhar me begaani..

Zindagi..

Pal aur Lamho se banti..
par kisi pal ke liye bhi nahi rukti..

Siyaasatghar.. Dargaah.. Mandir.. Masjid..
me kharid farhokt hoti..

Kabhi pal par barso jitni bhaari...
Kabhi barso tak ek pal si halki ...

Mehviyat - Brijendra Kumar Singh

Zindagi

Kabhi tajviiz (plan) se nahi chalti

Masroof Lamho me aagey badhti..
Darmiyaanii Khaali lamho me hii kuch apni si rehti..

Aadi.. Aant.. Anant..
Adhar ke beech kahi..pal..

Khayaalo..mansoobo.. ehsaaso..
irraado..ke taane baane ke beech
Khushi.. Ullahaas.. Gham..
Ummeed.. Kaamiyaabi.. Naakaami..
Ko bandhe.. pal.

inke hii taane baane se banti.. Zindagi..

Saanso.. Auhdo.. Minaaro..
Daulat aur Barso se naapi tolii jaaati..

Mehviyat - Brijendra Kumar Singh

Zindagi

Ishq ki miyaad jitni..
Utni hi bas Zindagi ..

Waqt ke mizaaz se badalti..
Athak praayaas ke baad bhi aksar adig rehti..

Tamashbeen se tamaasaha banaati..
Tamashe ke beech-o-beech..
mook tamashbeen banaa jaati..

Siyaasat ki bisaat ki tarah badalti..
Rishto aur bhavnaao me uljhati..

Suljhaao to ulajh jaati..
Kabhi kabhaar uljhaao to sulajh jaati..

Sameto to bikhar jaati..
Bikhero to dhuaan ho jaati ..

Mehviyat - Brijendra Kumar Singh

Zindagi

Maaine doondho to bemaani lagti ..
Bemaani bolo to har kadam par sabak deti..

Khanabadoshi aur rishto ke beech chalti rukti..
Kabhi tajviiz (plan) se kaha chalti ..

Zindagi ..

Zindagi

Mehviyat - Brijendra Kumar Singh

Dastarkhwan
(Dining spread)

Dastarkhwan

Dastarkhwan jab sametaa gaya..
ilm huaa ki naa bhookh meri thi ..
Naa hii koi bhi mera khayaa Hua
niwaala meraa tha..

Kaagaz se Kalam ne jab rukhsat li..
Naa hii alfaaz mere the..
Naa hii kaha ankahaa jazbaat Mera thaa..

Shabdo ke Kuch ulat pher me..
Choti badi.. guftagu me..
Shaayad bas kahi koi toota foota nukhtaa ..

ya ek aadha alfaaz meraa thaa..

Jab Meri jirah (argument) khatam hui..
Naa hi takreer (speech) meri thi..
Na tehreer (composition) meri thi..

Mehviyat - Brijendra Kumar Singh

Dastarkhwan

Ehsaas ka kuch abhaas Mera tha ..
Par aksar apne ehsaas me
mai..

thodaa hii tha..

Jism Mera tha ..
Tumhari nazaro ne jo dekha ..
Naa wo qadh (height) meraa thaa..
Naa rang Mera thaa..

Jaa-namaaz (prayer mat) jab sametaa..
Naa Dua meri thi..
Naa Khudaa hii kabhi mera tha..

Apni khud ki banayi ilm.. Anaa (ego) ki..
Shakhsiyat me..
Shaayd koi dedh eit kaa konaa meraa thaa..

Mehviyat - Brijendra Kumar Singh

Dastarkhwan

Jab din ko alwidaa kaha..
Bas shaam ka ek aadhaa lamhaa..

kehne ko mera apnaa tha..

Kadam mere the.. Manzil meri thi..
Magar raastaa..

Manzil ke kareeb..
peechey mudh ke dekha to jaana.
Kadmo ke Nishaan mere the..
Kadam naa maaloom kiske the..

Lambe raaste par khuch khoya..
reh gaya tha jo

.. kabhi kehne ko Mera thaa..

Mehviyat - Brijendra Kumar Singh

Dastarkhwan

Mehviyat - Brijendra Kumar Singh

Dastarkhwan

Mera khud ka manzil tak jo pahuch paaya ..

Wo kitnaa hii Mera tha..

Mehviyat - Brijendra Kumar Singh

Dastarkhwan

Mehviyat - Brijendra Kumar Singh

Mehviyat - Brijendra Kumar Singh

Rihayi

(Liberation)

Mehviyat - Brijendra Kumar Singh

Rihayi

Chaar din ki rihayi me hu..
Kuch fursat me hu....

Is waqt..
.. Na hi Khudaa ka hu..
Naa hii kaafir hu..

Naa Kaaba ki taraf ibaadat me hu..
Naa purab me suraj ko doondhe hu..

Chaar din ka apnaa hu..
Chaar din quaid se rihaayi me hu..

Chaar din roz roz ki buzkashi se durr ..
Do ghadi ka hii sahi..
Apna hu

Waqt ka mohtaaz nahi hu..

Mehviyat - Brijendra Kumar Singh

Rihayi

Buzkashi - traditional and dangerous nomadic game in central Asia .. not very different
from mad rush during peak hours in any large modern metropolis

Mehviyat - Brijendra Kumar Singh

Rihayi

Naa maalik hu.. Naa ghulam hu.
Naa hi reh reh kar aata aadha adhura khayaal hu..
Fursat me hu..

Apne waqt me.. Mai apna hu.
Apne ikhtiyaar me hu..

Apne jism aur rooh ka
kirayedaar nahi..
malikmakaan hu..

Fursat ka hu..
Fursat me hu..

Ghadi ke tik tiki farmaaan se aazaad hu..
Apne waqt ki khareed-o-farokht se dur..
Kaafi dur...
Apni rooh ki panaah me hu..

Mehviyat - Brijendra Kumar Singh

Rihayi

Mehviyat - Brijendra Kumar Singh

Rihayi

Lamho me hu..
Lamhaat kaa hu..
Kuch khud me kho raha hu..
Kuch khud ko dhoondh raha hu..

Naa ibaadat me hu..
Naa bandagi me hu..

Naa charchit hu..
Naa charchaa me hu..

Thoda kho Kar.. Khud ko doondh raha hu..

Ya jo thodaa Mai khud ko kho chukaa tha..

Lamhe ke liye hi sahi..
Khud ko mil raha hu..

Mehviyat - Brijendra Kumar Singh

Rihayi

Khayaalo ki udedhbun se rihaa..
khud Ek khayaal hu..

Apni aur dusro ki kahani me Mai.
Apne kirdaar se Kuch waqt ke liye alehdaaa hu..

Saaqi ka hu..
Saaqi ke saath..
Faraar..
Maikhaane ke shor-o-Gul se beparwah..

Naa kaafir hu..
Naa Khudaa ka hu..

Chand rupayo ke liye khud ka jo bech chuka tha..
Chand roz le Kar ..
usko khareedne ki fiaaraq me hu..

Mehviyat - Brijendra Kumar Singh

Rihayi

Chaar din ki rihaayi me..

Saaqi ke saath hu..

apna hu..

Mehviyat - Brijendra Kumar Singh

Rihayi

Mehviyat - Brijendra Kumar Singh

Sach

(Truth)

Mehviyat - Brijendra Kumar Singh

Sach

Ek roz agyaat andekha Sach raah me mil gaya..
chaal dhaal khuch jaane pehchaane ..
apne Sach se nahi mili..

Anjaan Sach se soch ka paimaana dagmagaa sa gaya..
Sach se aksar samaj..
Vichlit hi raha..

Anjaan Sach se parichit Sach ka
tark (argument) chala ..
Anjaan Sach...
Agyaat chehra liye..
Andekhi vesh bhoosha.. Alehdaa mazhab..
Jaat.. Rang.. Warg..
Jins (gender)..
ka sach..

Mumkin hai nazariye ko bahut bhaari laga...
Aur shyaad nazar ko bahut chotaa dikhaa..

Mehviyat - Brijendra Kumar Singh

Sach

Mehviyat - Brijendra Kumar Singh

Sach

Anjaan agyaat ..
Alehdaa pairahan (libaas) me liptaa..

Sach..

Hamaari Tumhari mehdood (limited)
roshan khayaali se..
Jooth sa laga..

Anjaan Sach se parichit Sach ka ..
tark (argument) badh gayaa..

Anjaan agyaat Sach..

Sach ..
ko hamne jooth kaha..

Mehviyat - Brijendra Kumar Singh

Sach

Saare jhooth ke farmaabardaar..
Apne matlab ka Sach pakad
nazar aur zameer par pardaa daale ..

Be matlab ke Sach ko
jooth saabit karne me masroof ho chale..

Dogalaapan ka paak daaman pakad hum..
Kisi khudaa..
kisi ish..
ya fir kisi pir fakir..
Kisi kaa bhi naam baar baar japte rahe...

Sach Jhooth ko..
Kahi suni..
manghadant baatoon se parakhne lage..
Ehsaas.. Jazbaat.. Soch par..
Sach ki dastak ko..

ansunaa karte rahe..

Mehviyat - Brijendra Kumar Singh

Sach

Beaawaaz Sach Apni pehrawi karne.. .
Beparwaah Sawaal le aaya..

Sawaal kaa libaas naapaa gaya..

Lambe ghoonghat..
hizaaab ..
Me rehne ka
fatwaa huaa.. ..

parampara ka hawaala diya gaya

Sawaal ki khuraak baandhi gayi..
Saaqi ke ghar par adaalat rahi..

Mehviyat - Brijendra Kumar Singh

Sach

Mehviyat - Brijendra Kumar Singh

Sach

Kisi ved..
Koi puraan..koi hadith..
Ke peeche sawaal ko dabaaayaa..
chuppaaaya gaaya..
Garb me gala ghotaa gayaa..

Sawaal ki jaat (caste) poochi gayi..
sawaal ka mulk..mazhab poocha gaya..

Sawaal ke maazi (past) dhoodhe gaye..
Afwaah ke cheetein daale Gaye..

Har beparwaah sawaal ko
saazish karaar Kiya gaya...

Bas jawaab nahi diyaa..
Lambe Lambe farmaano aur ..
badi badi adaalaat me sawaal..
ruswaaa hua..

Mehviyat - Brijendra Kumar Singh

Sach

Agyaat anjaaan Sach ko
Jhooth saabit karne ke liye ..
muvaasalaat(media) ke
Jhoothe paigambar khade kiye Gaye..

Sach ke farmaabardaar..
Chote bade naayaab Rupahle pardon pe
paigambar ban sabke Matlab ka aadhaa aadhoora
kataa chataa Sach..

Bechte rahe..

Joothe Sach ke mahal minaar mandir bante rahe..
Bematlab ke Sach..
suna ansunaa..
Dekha andekha hum karte rahe..

Mehviyat - Brijendra Kumar Singh

Sach

Mehviyāt - Brijendra Kumar Singh

Sach

Jaagran aazaan ke Shor o Gul me..
Mandir masjid girjaa ke baahar bheek maangte..
Be Matlab ke Sach raunde gaye..
Nazarandaaz kiye Gaye..

Hum sab ne apne apne chote jhoot ko..
Sach maan kar paala hai..

Kamzor baalako ko yoddhaa..
Viraangaanao ko chulhe se baandha hai..

Mehviyat - Brijendra Kumar Singh

Sach

Mehviyat - Brijendra Kumar Singh

Sach

Sanskriti ka kaala cholaa daal..
Naa jaane kitne sapno ko

..garbh me maaraa hai..

Dogalaapan ka paak daaman pakad hum..
Kisi khudaa.. kisi ish..
ya fir kisi pir fakir..
Kisi kaa bhi naam baar baar japte rahe...

Ham Sach parakhne nikle bhi to maaloom pada
Ek nahi..
Ek se jyaadaa Sach the waha..

Mehviyat - Brijendra Kumar Singh

Sach

Mehviyat - Brijendra Kumar Singh

Sach

Ek Sach wo jiska paigambar ne waada Kiya tha..
Ek aur paigambar wahi se khudaa se milne gaya tha..
Ek aur Sach ko suli pe wahi kahi chadhayaa gayaaa tha..

Khudaa me maano aur..
Khudaa ki maano to sab Sach the..

Dharam me khuda ko baat do to..
Sabke bas Apne Apne Matlab ke Sach the.. ..

Mehviyat - Brijendra Kumar Singh

Sach

Mehviyat - Brijendra Kumar Singh

Bheed

(Mob)

Mehviyat - Brijendra Kumar Singh

Bheed

Mai bheed (mob/crowd) ka hissaa nahi hu..
Bheed ka janmaa hu mai..
Bheed me panpaa hua..

Bheed me girta raha hu...
Bheed se kabhi kabhar sambhlaa hu..
Natmastak hu mai.. Nir vichaar hu..
Magar bheed ka hissaa nahi hu..
Is bheed me main nahi hu..

Bheed se durr kaafi dur.. Hai bheed kaa aaka kahi. .
Bheed ka janamdaata wahi..
Aaraambh Agar nahi .. To bheed ka Astitva wahi ..

Magar mera aaka wo nahi ..

Natmastak hu ..
Nir vichaar hu..
Par is bheed ke dhumil vichaar me shaamil nahi hu..

•Mehviyat - Brijendra Kumar Singh

Bheed

Bheed ka janmaa hu.. Bheed ka hisaa raha hu..
Bheed ka karazdaar nahi hu.

Iss bheed ke aneko naam hai..
Anginat dharam jaati sampradaye me bate insaan...

Shia sunni.. Thakur..kurmi..
badi bheed me ladte..
Chote bade hukumaraan kaai.

Iss bheed ke hai paigambar..
magar is bheed ka koi Khudaa nahi..

Iss bheed ki hai channd kitaabein
Magar gyaan nahi ..
Bheed ka dharam hai..
Par bheed dharmik nahi ..
Ye bheed hai ek manzar..
Magar sukhad nahi ..

Mehviyat - Brijendra Kumar Singh

Bheed

Bheed me kabhi bhi koi insaan nahi .
Bheed hai marusthal(desert)..

Buddh ka roshan khayaal nahi ..
Bheed bani hai mazhab ke naam par..
Iss bheed ka koi mazhab nahi ..

Bheed ki hai paramparaa rahi..
Kaazi pandit.. Ya koi aur naam sahi..

Jagirdaaari mere vyavahaar vichaar par
bheed ki maano to inki hi rahi..

Sita Ram ke saath nahi..
Bheed ne maana to ram ki bhi kaha chali..

Mai iss bheed ka nahi..

Mehviyat - Brijendra Kumar Singh

Bheed

Mai iss bheed ka nahi..
Mai is bheed ka nahi ..

Naa fatwe par kaafir ka dushman koi..

Naa aawaahan par Maine
apni insaaniyat kam kari

. ..

Mehviyat - Brijendra Kumar Singh

Bheed

Is bheed se aaya hu..
Magar bheed ka nahi ..

Natmastak hu Mai..

Nir vichaar nahi..

Bheed

Mehviyāt - Brijendra Kumar Singh

Deewarein
(Walls)

Mehviyat - Brijendra Kumar Singh

Deewarein..

Deewarein..
bas deewaarein banane me masroof hai..

Ghar aur nazariye ko choti chhat (roof)
aur Chaar diwaaron me baandhne me
lagaa sab kaa junoon hai..

Inn Diwaaron ke baahar saazish ka darr hai..
Diwaar ke andar apne apne sukoon ka manzar hai..

Har Diwaar maano ek sarhad hai..

Badi deewarein KHala (space) se bhi dikhti hai..
Choti deewarein bas samajh
aur zehn ko chubhti hai..

In deewaaron ke upar khud parasti (narcissism)
ki katili taar aur jhoote ghamand ke
tootey sheeshey (broken glass/mirror) hai..

Mehviyat - Brijendra Kumar Singh

Deewarein..

Sukoon.. Saaqi.. Khudaa..
Sab apni apni diwaaron ke andar hai..

Khudaa.. Saaqi.. sukoon ko agwaa Kar apni Chaar
diwaaron me bandhaak banana
Hum sab ka maqsad hai..

Mitti ki diwaar se sangemarmar ki diwaar tak ke
safar me insaani ki taqdeer ka raastaa jazb hai..

Patthar.. Sangemarmar.. Riwaaz..
Ya fir soch..

Kisi bhi diwaar ko todnee ki sakhht maanaahii hai..

Mitti ki diwaar ... Nazarandaaz..
Barbaad karnaa. ..
Riwaaz.. patthar aur sangemarmar ki diwaar
waalo ka shaukiyaa kartab hai

Mehviyat - Brijendra Kumar Singh

Deewarein..

Hamaari khud ki shakhsiyat ki imaarat
hamne tumne kitni kaachi roodhiwaadi diwaaro
se banaayi hai..

In kaachi deewaaron ke kone ko pakad sabne apni
shakkshiyat ki pehchaan banaayi hai..

Inhi kaachi diwaaro ki buniyaad me hamne
kahi Khudaa.. Kahi Ish ..
ki baithak banaai hai..

Par Khudaa ke ghar ki diwaar mandir ke dar
se lagane par sakht paabandhi lagaai hai..

Khudaa aur Ish kahi diwaar ki mundairr par
guftagu kar sab benaqaab Naa Kar de..
Shaayad yahi tilak aur topi ka saanjhaa darr hai..

Mehviyat - Brijendra Kumar Singh

Deewarein..

Mehviyat - Brijendra Kumar Singh

Deewarein..

Eit (brick) se Eit Jod ke bantaa ghar
aur muqaddar hai..
Deewaarein bana mohallon me ye ghar
baate jaate hai.. .

Deewarein bana Kar muqaddaar ke daairae
baandhe jaate hai..

Deewarein..
Bas deewaarein banane me masroof hai..
Deewarein ban gayi to shikhar..
Minaar banane me pandit aur maulvi magroor hai..

Koi sarmaayadaar (capitalist) Hua to
burj banaaana uskaa laazmi asoool hai..

Mazhab ki deewaarein.. Insaaniyat.. Ibaadat..
ke alag alag mohalle bana rahi hai ..

Mehviyat - Brijendra Kumar Singh

Deewarein..

Fir azaan yaa jaagran
Kar zindagi par masroofiyat ka naqaab
daal denaa ..

asaan bhool hai..

Mandir ki bhi Chaar deewarein..
Masjid ki bhi Chaar diwaari..

Moorat baithi to deewaarein kesariyaa..
Bhagwaa.. me rangi saari..
Naa baithi to hare ya safed rang ki aayi baari...

Deewarein..
bas deewaarein banane me masroof hai..
choti chhat aur choti soch ke daaeiren me
bati insaaniyat masroof hai..

Mehviyat - Brijendra Kumar Singh

Deewarein..

Apni Kesariyaa ya Apni hariii Deewaaro ke baahar
sab saazish ka manzar hai..
Hari aur kesari Deewaaro ke andar hi Khudaa..
Ya fir Ish ka ghar hai..

Deewaarein.. Mazhab ki paar karna
maano Ek samandar hai..
In deewaro ke andar bhi
aur deewaro ke bhanwaar hai...

Mandir ke andar bhi
bade chote devtaa ke alag alag ghar hai..

Mazhab me Koi Shia hai to kahi sunni ya..
Dharam me brahmin.. Thakur.. Kurmi hai..

Mehviyat - Brijendra Kumar Singh

Deewarein..

Mitti ki deewaar se sangemarmar ki deewaar tak..
Naa jaane kitne aur aise bhanwaar hai..

Sangemarmar par haq jatate
brahmin.. Sayyid.. sarmaayadaar..
Baaki sab ke chote bade.. Nizaami markaz hai..

Insaano ke mazhab chodo..
Hamne banaye deewaaron ke mazhab hai..
.. Eit patthar.. Deewaar ke mazhab tod Kar..
Jod Kar.. badalna.. Shaayad yahi siyaasi maksad hai..

Kaamiyaabi ki pehchaan bhi hamne
Apne ird gird bani diwaaron se bana li hai..

Shishe ki deewaar todnee me..
Khud ke andar kitni deewaarein ban rahi hai..

Mehviyat - Brijendra Kumar Singh

Deewarein..

Mehviyat - Brijendra Kumar Singh

Deewarein..

Apni Deewaar ke baahar sab saazish.
Apni.. Deewaaro ke andar hi sab raunaq hai

Reet riwaaz tyohaar..
Inn Deewaaron ke beech uthte girte shaamiyaane hai..

Mulk.. Mazhab.. samajhte the kabhi..
Bas kacchi pakki.. Unchii neechi.. Deewaarein hai..

Deewaaron ke beech galiyaarein hai..

In galiyaaron ke beech hi kahi..

Saqafat.. Tahzeeb..

Sanskaar ke bante bigadte marqaz (Centre) hai..

Mehviyat - Brijendra Kumar Singh

Deewarein..

Aur gar kabhi waqt be wqat ye tahzeeb..
Sabhyaata barbaad hui..
To kahin ret me dabi..
Mili bas deewaarein hai..

Shivalay.. Masjid..shakhsiyat.. Khaali hai..
mili.. Bas mili mitti ki deewaar me dabi..

Patthar sangemarmar ki..

Khaali deewaarein rahi..

Mehviyat - Brijendra Kumar Singh

Deewarein..

Mehviyat - Brijendra Kumar Singh

Kahaani

(Story)

Mehviyat - Brijendra Kumar Singh

Kahaani ..

Naa Apni kahaani ke..Naa hi kirdaar ke hue..
Amooman ham sab bas ..
uthte girte bazaar ya vyavahaar ke hue..

Naa mitti ... Na darakhth .. Naa shaakh ke ..
Naa namaz .. Naa ibaadat .. Naa Dhyaan ..

Naa poore hii jaage rahe..
Naa shaam sukoon ke do pal ke hue..
Naa raaton ko aaraamgaah ke ..

Naa Apni kahaani ke..Naa hi kirdaar ke hue..
Naa kitaab ke hue.. Naa maidaan ke rahe..

Mehviyat - Brijendra Kumar Singh

Kahaani ..

Naa diler hue.. Naa dhir dhare..
Naa sarhad ke hue..
Naa apni hii hadd ke rahe.. .
Hawaaon ka rukh jahan ka raha..
Usi raah par khizan ke patte (autum leaf) ban ..
sab bikhre rahe.. . .

Kaagazi tamgo ke hue hum sab ..
Kaagaz ke dhan ...
Kaagazi kitaabii gyaaan ke hii rahe..

Thodaa imaandaar
... Thodi beimaanii ke beech..
Apni kaahaani me apni hi kharid farokht karte rahe..
Khud se thoda imaandaar..
Jyaadaa beimaan din-ba-din hote Gaye..

Apni kaahaani se bhaaghe rahe..
Apne kirdaar se bachte bachaate ..

Mehviyat - Brijendra Kumar Singh

Kahaani ..

Masroofiyat me doobe rahe..
Khwaab me khoye rahe..
Yaa fir shiddat aur jaam me doob
kaahani ko bhulate rahe..
apni kaahani me kisi aur ki kahaani jeete..

Marte rahe..

Lamhe pakad Kar baras kaate rahe..
Ya baras bitaa Kar chaand Lamhe chunte mile..

Apni kaahaani me aksar ..
humare Apne kirdaar kitne kam rahe..
Jyaadatan khanabadoshi ko hi
apni kahaani bataate rahe..

Apni kahaani me ajnabi logo ko talaashte rahe..
Aur
Apni kahaani me apno ko ajnabi karte rahe..

Mehviyat - Brijendra Kumar Singh

Kahaani ..

Mehviyat - Brijendra Kumar Singh

Kahaani ..

Apni hi kahaani ke tamashbeen hum sab..
Khudaa se iltiza kahani badalne ki karte rahe..
Saaqi se gila apne aur doosro ke kirdaar ki karte ..

Khudaa se Saaqi ki shikaayat..
Saaqi ko Khudaa ki tauhmat dete rahe...

Naa Khudaa ke dar ko apnaa sake. ..
Naa hi Saaqii ka ghar aabaad Kar sake..

Masjid aur maikhaane ke beech..
Kahani ki guhar laga..
kirdaar badalte rahe..

Naa hi poore musalmaan hue..
Naa poore kaafir rahe..
Amooman Sab Ek alag kahani ki dua karte rahe...
Manzar koi aur bunte rahe..
Apna Kirdaar Kuch aur soche rahe..

Mehviyat - Brijendra Kumar Singh

Kahaani ..

Jannat aur swarg ki dua se hi..
mandir Masjid me bheed laga

Khudaa ke kaan bharte rahe..

Naa Apne rahe.. Naa hi paraaye hue..
Apni hi ghar.. Apni hi zindagi.
Apni hi kahani
.. Apne hi kirdaar..
me hum khanabadosh rahe..

Mulk badle.. Zubaan badle..
..saathi.. kirdaar badle.. Kisse badle..
Saaqi badle.. Jaam badle.. Falsaafe badle
..alfaaz andaaz badle..
Shaayad Khudaa bhi badle.. Shaayad soch ..
Par kahani..

Mehviyat - Brijendra Kumar Singh

Kahaani ..

Mehviyat - Brijendra Kumar Singh

Kahaani ..

Sab manzar aur nakaab badal Kar bhi..
khuch thodaa bahut badal sake..
.. Kahani Naa badal sake..

Apni kahaani badalne ki jaddo-jahad me hum..
Ibaadat ke ..
Karobaar ke ..
Saaqi ke .. Jaam ke.. Jalooos ke hue....

Par hum..
Naa hi kahani ke rahe..

Naa Kirdaar ke rahe

Mehviyat - Brijendra Kumar Singh

Kahaani ..

Mehviyat - Brijendra Kumar Singh

Mehviyat - Brijendra Kumar Singh

Ehsaas
(Emotion)

Mehviyat - Brijendra Kumar Singh

Ehsaas..

kho jaata hai..chuph jaata hai..
Ehsaas hai Naa..
Apno me baatein to hi saansein le paaata hai..

Gairo ke kareeb kahi gaya..
Siskii ban jaata hai.
Shabdo me dhalte dhalte bikhar jaata hai..
Palko tak aate aate
paani ho jaata hai..

Bheed me Agar panpaa..
karunaa.. ya krodh ban jaata hai..

Ya fir koi dabi sehmi awaaz ban. .
Ansunaa andekhaa reh jaata hai

kabhi kabhar yun hi mil bhi jaata hai..
Bachpan ke chehro me khilkhilata..

Mehviyāt - Brijendra Kumar Singh

Ehsaas..

Mehviyat - Brijendra Kumar Singh

Ehsaas..

Umar ke faasle Paar Karta..
Ehsaas bhula diyaa jaataa hai..

kabhi kabhar
Umar daraaz Pathrili aakhon ke peechey
bhi kisi gair hifaazati Lamhe me..

Saqi ya khudaa ke rubaru...
Jaam aur azaan ke kahi beecho beech..
Ehsaas chalak jaata hai..

Gar Ehsaas - Ehsaas ko pehchaan le
to rishtaa kayaam ho jaata hai..

Nazarandaaz hua
to ajnabi reh jaata hai..
Pehchaan Kar ke bhulaa diya..
to keharr dhaa jaata hai..

Mehviyat - Brijendra Kumar Singh

Ehsaas..

Ehsaas kam raha ..
to adhoodhra reh jaata hai..

Jyaada Hua.. to adhooraa Kar jaata hai..

Shaayad isiliye..
Ehsaas.. Amooman chupaya jaata hai..

Jhooti saachii.. bhaari bharkam
Shakhsiyat ke nakaab me ..

Roz Ki daud bhaag me
raundaa kuchlaa jaata hai..

Mehviyat - Brijendra Kumar Singh

Ehsaas..

Kabhi armaano ke naam par
bhulaaya jaata hai..
Kabhi majbooriyo me.. Ehsaas ko..
Samjhaayaa.. badlaa.. Dabaaya..

Ya Fir Bechaa..jaata hai..

Ehsaas..

Apne tak.. Apno me hi rahe to saans le paaata hai..
Gairo ko pata chale to mazaak ho jaata hai..
Khud ka Hua to khaas..
Aur kisi ka Hua.. To charchaa ban jaata hai..

Ehsaas

Ibaadat se jaa mile to mazhab ban jaata hai..
Naa khudaa ho Gaya to nafrat ho jaata hai..

Mehviyat - Brijendra Kumar Singh

Ehsaas..

Siyasat ka zahar ghul gaya
to fasaad karaa..
Khudaa aur insaaniyat
dono ko beghar Kar jaata hai..

Ehsaas..
Rooh kaa suraakh (hole) ho Gaya..
to Kya kya karwaata hai..

Izhaar inkaar ke beech kahi..
Ehsaas..
Martaa maraataaa hai..

...

Mehviyat - Brijendra Kumar Singh

Ehsaas..

Kabhi duniyaa se jodtaa..
Kabhi todtaa jaata hai...

Aankho me kabhi dikhtaa..
Haau baaav me chiptaa chipaata hai..

Duniyaadaari me.. Bechaa khareedaa jaata hai..

Ehsaas.. Pal bhar ke liye kabhi... Kahi milta hai..
Pal bhar me fir kho jaata hai..

Kisi kisi pal me zamaane
aur waqt par bhaari pad jaata hai..

Par aksar waqt aur zamaana
Ehsaas ko dabaa jaata hai..

Mehviyat - Brijendra Kumar Singh

Ehsaas..

Pal bhar me fir wo
Ehsaas kho jaata hai..

Ehsaas..
Raah gar bhool Gaye to raaste bhi banata hai..
Mahsoos karo to
mushkil raah aasaan karaata hai..

Ehsaas..

Mujhko Mai..
Tumko tum..
Hamko hum.. Banaata hai..

Naa maalom ye Ehsaas..
Charchaa bantaa hai..

Yaa Saansein le paata hai.

Mehviyat - Brijendra Kumar Singh

Ehsaas..

Mehviyat - Brijendra Kumar Singh

Mehviyat – Brijendra Kumar Singh

Takaluff

(Formality)

.

Mehviyat – Brijendra Kumar Singh

Takaluff..

Takaluff ki sakri gali se shuru ..
Roz dar roz Ki Khushamdid..
Dua salaam ibaadat se guzar

Sanjhi awaargi..
Goshtkhori..
khanabadoshgi..

Tamashaagah me qehqahe laga ..
Betakalluffi ke daur se ho kar..
Saaqi ke saaye me thoda madhosh bedhaak.
.
Niwaale Ki daud me alag alag raah liye..
adhooraa hokar..
Ab fir Takaluff ki sakri gali me khade ..

Hum tum . ..
Fir apni pehchaan doondhte hai..

Mehviyat - Brijendra Kumar Singh

Takaluff..

Mehviyat - Brijendra Kumar Singh

Masruufiyat
(Busyness)

Mehviyat - Brijendra Kumar Singh

Masruufiyat . .

Masruufiyat ke bahane ko
naam de chuke hai zindagi..

Kabhi jo fursat ki zindagi kahi mili ..
to bekaar..
berozgaar hii kehlaayi gayi..

Bhaag daud me rahi to istakbaal ke kaabil bani..

Chand rotiyoo ki ghulam
do waqt ki zindagi..

bhaag daud me
fursat ke do niwaale bhi naa khaa saki..

Do waqt ko jo aazaad hui to..
maikhano me
dagmaagati ladkhaadati mili

Mehviyat - Brijendra Kumar Singh

Masruufiyat . .

Fursat me do jaam jo naa pakad saki
to ghabraane lagi..

masruufiyat ki zindagi
khud ke akelepan me bezaar lagti rahi

Subah se shaam to
masruufiyat me Kat Gayi..

Raatein
masruufiyat ke mansoobe banane me kaali hui

masrufiyat ke bahane ko ..
naam de chuke hai zindagi..

Mehviyat - Brijendra Kumar Singh

Masruufiyat . .

Ghadi do ghadi ki ibaadat bhi hamne..
taur tariko..
roohaniyat nahi ..
riwayati masruufiyat me nikaal di..

Khudaa se bhi aksar hamne..
Masruufiyat ki hii dua Kari.. ..

Masruufiyat ki hi ibaadat hui..

Riwayati taur tariko ki masruufi zindagi..

Jyaadaatan Bemaani masruufiyat se..
khokhli ho rahi zindagi..

Mehviyat - Brijendra Kumar Singh

Masruufiyat . .

Mehviyat - Brijendra Kumar Singh

Shikast
(Loss/Defeat)

Mehviyat - Brijendra Kumar Singh

Shikast . .

Thoda bahut shikast khaa kar hi samajh aati hai..

Zindagi..
tu haar ho yaa jeet dono me tarsaati hai...

Paas hokar dur se guzar jaati hai..

Dur ho to paas bulati hai..
Kabhi shabdo me uljhati hai..
Aksar uljhan ko shabd de jaati hai..

Tarjume (translate/interpret) karo to badal jaati hai..
Naa karo to hame bhool jaati hai..

Ae zindagi...
Tu haar ho yaa jeet..
Sabke kandhe ghutne jhukaati hai..

Mehviyat - Brijendra Kumar Singh

Shikast . .

Mehviyat - Brijendra Kumar Singh

Shikast ..

Dil me basao to dimaag pe chadh jaati hai..

Gar ibadat karo toh kaafir banaati hai..

Ae zindagi tu taa umar ..

aksar samajh nahi aati hai..

Mehviyat – Brijendra Kumar Singh

Shikast . .

Mehviyat - Brijendra Kumar Singh

Mehviyat - Brijendra Kumar Singh

Baatein

(Conversations)

Mehviyat - Brijendra Kumar Singh

Baatein..

Khud se aajkal baatein kam hone lagi hai..
Rehta toh hu Mai apne hii ird gird . .
Magar meri khud se mulaakaatein kam ho rahi hai..

Zindagi ..
mujh par mujhse jyadaa ikhtiyar bana chuki hai..
Bachpan me meri jo thi pehchaan..
Jawaani me dhumil hui..
Ab kahi kho si rahi hai..

Log kahte hai ki shakshiyaat nikhar ke aa rahi hai..
Par meri nazro me..
Duniyaadaari ka pehnaawaa
meri rooh pe bhaari padne laga hai..

Nau se paanch ke saude ki baat hui thi..
Do ghadi khud ke liye nikaalne me..
mushkil aan padi hai..

Mehviyat - Brijendra Kumar Singh

Baatein..

Khud se aajkal baatein kam hone lagi hai
Dosto ka kyaa hii baatau..
Meri khud se Dosti Kuch kam si ho gayi hai..

Naa maaloom kis mod par meri gairat
dusri raah le gayi..

Waapas bhi gar jaau..
Mumkin hai mujse naaraaz wo..
mere intezaar me ruki nahi hai..

Khud se aajkal baatein kam hone lagi hai..
Rehta to hu Mai apne hii ird gird.

Magar meri khud se doori badhti jaa rahi hai..

Mehviyat - Brijendra Kumar Singh

Baatein..

Mehviyat - Brijendra Kumar Singh

Baatein..

Note : Baatein was written during pandemic..

Mehviyat - Brijendra Kumar Singh

Kirdaar
(Character)

Kirdaar..

Kahani amooman kirdaar par bhaari padi..
Kirdaar aksar bhaari kahani ke ho Kar bhi ..
adhoore reh gaye ..

Kabhi zindagi ko hum ..
kahani ke naam par taale (delay) rahe..
Kabhi kahani ko zindagi ke liye
roke..

Bhulate rahe..

Aksar hum apni hii kahani se bekhabar..
Zindagi ji Gaye..

kahani ke imaandaar hokar
Baseerat (enlightenment) hui to.. .

ek se jyadaa zindagi ji Gaye..

Mehviyat - Brijendra Kumar Singh

Kirdaar..

Kabhi kabhar hi
Apne kirdaar ko zindagi me dhoodhaa kare.. .

Par Aksar hum apni kahani ko zindagi se..
Roz roz ki bhaag daud se. .
mitane me lage rahe..

Kirdaar.. Shakhsiyat.. Kahani..
Zindagi..
Kab alag ho Gaye ..

Shaksiyat ko kirdaar se
alheada karna kab falsafaa bann gaya..

Shaksiyat khud ko Buland karne me
zindagi me jhukney se rahi..

Mehviyat - Brijendra Kumar Singh

Kirdaar..

Kirdaar..
Agar Hua to kahani ki saakh bachane me..
Har mumkin koshish karta raha..

Kabhi jaane anjaane gar
shaksiyat aur kirdaar takraaye..
Haalat ke khatghare me ..
khud ko hii gunaahgaar paaya..
..

Tamashe tyohaar ke beech
zindagi aagey badhti rahi..

Kahani ..
kirdaar ka intezaar
jashn ke doosre jaanib karte mili..

Zindagi aagey badhti rahi..
Kahani.. Kisse batarone me apni raftaar se chali ..

Mehviyat - Brijendra Kumar Singh

Kirdaar..

Kahani kirdaar par fir bhaari padi..

Zindagi jo bhaari padne lagi to
kahani ka daaman pakadne baithe..

Kahani jab bhaari lagi to zindagi me..
Bhaag daud me..
panaah li..

Kahani me kirdaar gar jite..
To kahani aur zindagi Kuch aur bhi ho sakte the..

Poori kahani ke kirdaar aksar adhoore rahe..
Adhoori kahani ke kirdaar Mukaamal..
Pukhtaa..
shaksiyat ban..

Kahi kho Gaye..

Mehviyat - Brijendra Kumar Singh

Kirdaar..

Mehviyat - Brijendra Kumar Singh

Mehviyat - Brijendra Kumar Singh

Khayaal

(Thought)

Mehviyāt - Brijendra Kumar Singh

Khayaal..

Hum watan hue.
hum khayal Naa hue.. .

Hum Umar hue par ek daur ke hokar naa jiye ..

Hum khayal rahe
Hum vichaar Naa hue..

Hum raahi rahe ..
par ek hi manzil par razamand Naa ho sake...

Hum khudaa hue..
Par Ek ibadat ke..
Ek kitaab ke.. Ek majhab ke Naa ho sake ..

Kabhi hum jubaan hue..hum watan Naa hue.
hum watan .kabhi Hum jazbaa Naa hue.
Hum jabaan.. hum watan..
Par "hum" Na ho sake..

Mehviyat - Brijendra Kumar Singh

Khayaal..

Kareeb ke Paanch razamand ji hazoor jod kar
sabne apne apne "hum" ke dayare bana liye..

Kainaat ke Maikhaane ko taubaa Kar..
Soch.. Samajh.. Tasdeeq (attestation)
..ke paimaane baandh liye..

"Hum" me bhi aksar sab
alhedaa "Mai" hi ho Kar rahe ..

" Mai" ke daayere bade hote rahe..
Ji-hajuri se ghire "hum" "Mai" se bhi chote ho
siisakte rahe..

Ji hazoori ke siisakte jhoojhte Chote Chote "hum"
badi badi baatein karne lage..

Mehviyat - Brijendra Kumar Singh

Khayaal..

Azaan.. Jagraan.. Jargon..
Mantra.. Kalme.. Rivaaz..
Mulk..dharam.. riwayat..
Rishte..rang.. Jaat paat..
me sab "Mai". Bandhte chale Gaye..

Khudaa ko bhi is saajish me jodne ki jugat lagi..
Butt bane..minaar bane..

Kabile bane..
Mulk bane..
Dharam bane..
"Hum" bane
Hamare taur tarike bane

Hamare "hum" ke Daayere ke Bahar..
Sab wo ho Gaye..

Mehviyat - Brijendra Kumar Singh

Khayaal..

Vichaar bat gaye
Sanskaar batt Gaye..
Jazbaat batt Gaye.. bandh Gaye..

Kuch mere maan ke udhar ke "hum" me reh Gaye..
Kuch gair maan ke hamare "hum" me rehe..
hamare "hum" me sab punya.. Halal...
Baahar sab paap .. haraam...
Unke ho Gaye..

Tamam . Fasaad.. Bawaal.. Jung..
Hamare "hum".. Unke "hum"
hum khayal Naa ho sake..
Hum khayaal hue..
To hum vichaar na ho sake..

Mehviyat - Brijendra Kumar Singh

Khayaal..

Kainaat me "hum" sab
Hum raahi rahe ..

par Ek hi manjil par razamand Naa ho sake..

Mehviyat - Brijendra Kumar Singh

Khayaal..

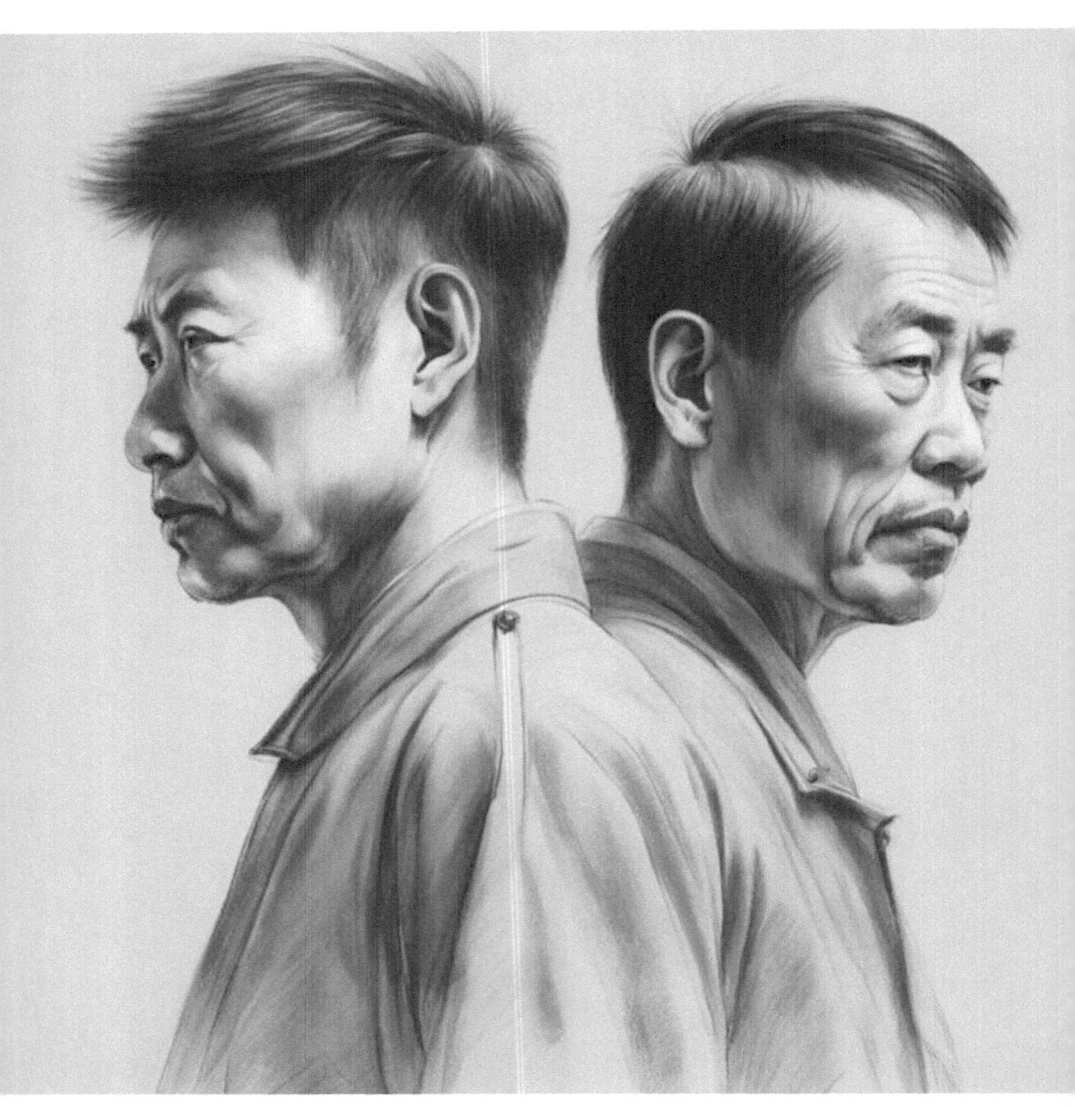

Mehviyãt - Brijendra Kumar Singh

Khayaal..

Tashbiihat

(Metaphor)

Mehviyat - Brijendra Kumar Singh

Tashbiihat..

Tashbiihat (metaphor) ko khudaa bana baithe hai..
Tashbiihat ke liye Khudaa ko mardood(outcast)
kiye baithe hai..

Baat baat par fasaad..
Ibaadat ke yaha niyam
kayede kaanoon bana baithe hai..

Ittefaq se paida hue hindu..
Ya fir qismat se paidishi musalmaan...
Ya taqdeer rahi to Kuch aur..
Apne hi kitaab dharam mazhab ke kuen me reh ..
Doosre ke kuen me kichad uchaalnaa
mazhab banaye baithe hai..

Tashbiihaat ko Khudaa bana baithe hai..
Kuch unchii minar ko bana
khudaa ke kareeb jaane ki koshish kare baithe hai..

.

Mehviyat - Brijendra Kumar Singh

Tashbiihat..

Kuch minaar Gira
waha Kuch aur tashbiihaat bana baithe hai..

Kuch hama-gir (omnipresent) mane hai..
Kuch butt (statue) ko khudaa Maane hai..
Sab tashbiihat ke maare hai.. Sach se sab anjaane hai..

Kuch gufaah pahad tapte registaan
me tashbiihaat ki talaash me ghoome hai..

Kuch chaar diwaarein bana Khudaa
ko nazarband karne ki saazish me jute baithe hai..

Kuch Sar dhakh Kar baa adab
Khudaa ke ghar me jaane ki riwayat banaye baithe hai..

Kuch nagan rahkar khud ko
Khudaa ke kareeb bataye baithe hai

Mehviyat - Brijendra Kumar Singh

Tashbiihat..

Kuch tilak lagaye baithe hai..
Kuch kesh badha baithe hai..

Kuch roze Kuch vrat.. Kuch kurbaani..
Kuch Bhog..
Kuch jaagran
Kuch aazaan..
Nakal ko mazhab.. Majhab ko Nakal banaye baithe hai..

Paap punyaa.. Halal haraam.
Tashbiihaat ke naam par
Khudaa ko usi ki kainaat se be-dakhal kare baithe hai..

Mehviyat - Brijendra Kumar Singh

Tashbiihat..

Zindagi ke darul ulum (University) ko
bas ek kitaab se kamyaab karne ki koshish me
lage baithe hai..

Mera Granth teri kitaab..
Tere Shlokh
Mera hadith ..
Meri talwaar ..tera trishul..

Naa Mera Khudaa Naa Tera Ish..

Tashbiihaat ko tashbiihaat se ladaye baithe hai..

Nafrat ko dharam..
Nafrat ka Khudaa banaye baithe hai

Mehviyat - Brijendra Kumar Singh

Tashbihat..

Mehviyāt - Brijendra Kumar Singh

Kareeb

(Near)

Mehviyat - Brijendra Kumar Singh

Kareeb..

Kaafi Kareeb se dekhe the tujhe..
Ab Kareeb se guzar bhi jaau to lagtaa hai
maano mulaakaat kabhi hui thi nahi ..

Kabhi baaho me khele the teri..
Ab tera aagosh me rooh jhulas (burn) jaati hai..

Waqt se pahle hi umar daraaz si tu ho chali..
Nau baar ujadi basi ..

Ab fir Ek baar girti ujadti..
meri nazaron me hi shaayad aakhri muskurahat
teri kahi qaid ho kar reh gayi..

Dil se jaati nahi.. Magar ab tujhse dillagi bhi nahi..

Dilli..

Kabhi bas tujse hi aashiqi thi meri..

Mehviyat - Brijendra Kumar Singh

Kareeb..

Par ab teri aab-o-havaa Saanso par bhaari pad rahi..

Malmali kohre me jo shokh nazar aati thi..
Dhool ke baadal me umardaraaz si pesh aane lagi..

Ghalib zauq ne shayari me taarashi thi kabhi..
Ab suna ansuna kar dena teri bad jubaani ..
meri fitrat hi ban gayi ..

Mohabbat hai kuch tujhse abhi bhi baaki..
Par ab tere dedaar ki tammanah aur baaki naa rahi..

Niwalo kisse kahani me hi ab
tujhse dur se mulaakaat rahegi..
Ki naakaam mohabbat me kareebi rishtaa
mujhe manjoor nahi..

Mehviyat - Brijendra Kumar Singh

Kareeb..

Mehviyāt - Brijendra Kumar Singh

Kareeb..

Mere bagair tere bazaar ki raunaq
kam hogi nahi..
Tere bazaar ke din-ba-din badhte shor o gul me
mujhe mausiki milti nahi..

Tere chahne waalo ki koi kami aaj bhi nahi..
Tere chahne waalo ki
numaaishi bheed se meri kabhi bani hi nahi..

Lal patthar me nafasat se karahai gayi thi kabhi..

Ab dhool aur dhuen me Dhumil ho chali ..

Kya maaloom tha Zafar ko bhi..
Ki dilli kabhi yu bhi lootegi..

Mehviyat - Brijendra Kumar Singh

Kareeb..

Naa hi abdaali ka lashkar ..
Naa hi Naadir ki khoonrezi hogi

Naa firangi ki saazish ..
Naa shamshir se holi hogi

Dilli ..

tamaaam apno ke hi haathon mit rahi hogi..
fizaao me jehar hoga..

Zameen jahannam si tapegi..

.. Kesari safed hare se bhagwaa ho..
laal lahu me naahati sunai degi ..

Poori tarah basne se pehle hi
barbaad baar baar hoti rahi..

Mehviyat - Brijendra Kumar Singh

Kareeb..

Dilli Siyasat aur laalach se laachaar rehti rahi..

*Kabhi Tughlaq to kabhi andh bhakt se
badnaaam barbaad hui..
Dilli Siyasat aur laalach
aur kabhi dimaagi diwaaliyapan ka Shikar rahi..*

*Mohabbat hai kuch tujhse abhi bhi baaki..
Par ab tere dedaar ki tammanah
aur baaki naa rahi..*

Dilli..

*Dil se jaati nahi.. Magar ab tujhse dillagi bhi nahi..
Dilli..
Kabhi bas tujse hi aashiqi thi meri..*

Mehviyat - Brijendra Kumar Singh

Kareeb..

Dilli..

Dil se jaati nahi..

Magar ab tujhse dillagi bhi nahi..

Dilli..

Kabhi bas tujse hi aashiqi thi meri..

Mehviyat - Brijendra Kumar Singh

Kareeb..

Mehviyat - Brijendra Kumar Singh

Karobaar
(Business)

Mehviyat - Brijendra Kumar Singh

Karobaar..

Zindagi ka karobaar ..
Naa jaane kaha kaha le gaya..

Roz khud ka sauda Kiya..
Roz Mera waqt mere hii liye Kuch kam ho Gaya

Mehviyat - Brijendra Kumar Singh

Karobaar..

Mehviyat - Brijendra Kumar Singh

Hisaab
(Calculations)

Mehviyat - Brijendra Kumar Singh

Hisaab..

Baaton ka hisaab rakhte hai..
Hisaab me baatein banate hai..
Amooman log zindagi haansi aur khushii..

ka bas hisaab kitaab rakhte hai

Itihaas me koi dilchaspi nahi..
Magar baaton ki taareekh ..
ka lambaa hisaab rakhte hai..

Baaton se baatein kaate hai..
Baaton se baat bigade hai..

Pramaan pratyaksh ki koi pooch nahi..
Kahi suni pe sanskriti chalate hai

Baaton me rachaaye ram..
Baaton se banaye raavan..

Mehviyat - Brijendra Kumar Singh

Hisaab..

Apne bheetar ke rakshas ko..
bacahaaye chupaye chalte hai..

Baaton ke len den me..
Rishto ko chotaa badaa karte hai

Ghame-jahaan ke hisaab me ..
khud ko thagaa batate hai..

Adhoori khokhli dikhawati khushiyon
ke taane baane banate hai

Bataaaon ke len den me..
Aksar nakli baatein bana jaate hai..

Mehviyat - Brijendra Kumar Singh

Hisaab..

Fir meri tumhari koi baat nahi..
Bas baaton pe baatein banaate hai..

Baaton ke taane baane me..
Jaane kya kya kho jaate hai..

Baaton ka hisaab rakhte hai..
Manghadant baaton par jalse manaate hai..

Daraarein banane ke karobaar me..
Aksar aachi rishtedaari nibhate hai..

Fir meri tumhari hamariki koi baat nahi..
Bas baaton pe baatein banaate hai..

Mehviyat - Brijendra Kumar Singh

Hisaab..

Mehviyat - Brijendra Kumar Singh

Mehviyat - Brijendra Kumar Singh

Mehviyat - Brijendra Kumar Singh

Auhde
(Position)

Mehviyat - Brijendra Kumar Singh

Auhde..

Unche auhdo pe naa khush naakaamiyab log
Aakhon ke neechey kaalikh

Dhoop nahi..
Khaali kaali lambi raaton me safed hue baal

Unnche auhdon ko pakde..
Kamzor imaan ke kathor naa khush log..

Khuda ke aagey roz dar roz..
Ya kabhi kabhaar..

Khushi nahi..
Auhdo ki guhaar me jhukte log..
Apne auhdo se bade audhe par.. ..
Girte padte bade shauk se ye log

Mehviyat - Brijendra Kumar Singh

Auhde..

Bhagwaan aur devtaa me bhi bana hai baithe..
Bade chote auhde..
Auhdo ki dhar pakad me bhaagte..

Kabhi is dar to kabhi us dar par..
kamjor kathor chehre liye naa khush log ..
Tabhi shaayad khudaa se
khaasaa naraaz hai aajkal.
Unche auhdo ki hi bas pehchaan liye.
ye naakaam log

Auhdo me hi ab rishtey banate..
Rishto me ab auhdey doondhte ..

Bade rishto ke chote auhdo ko ek tarfaa karte..
Chote rishto ke bade auhdo ko Kareeb lete..
Bina rishto ke bade audho ko gale lagate..
Uunch neech jaat paath..
Ab auhdo me banate batate..

Mehviyat - Brijendra Kumar Singh

Auhde..

Mehviyat - Brijendra Kumar Singh

Auhde..

Zindagi ko bas auhdo ki dhar pakad banate

Kagazi tamge..
Numaishi jazbaat me lipte rehte..

Unche auhdo pe

Naa khush..
Naa kaam log

Mehviyat - Brijendra Kumar Singh

Auhde..

Mehviyat - Brijendra Kumar Singh

Kabhi
(Sometimes)

Mehviyat - Brijendra Kumar Singh

Kabhi..

Kabhi yuhi mil.. Ki wajah naa ho
shaam ho..
subah ka intezaar naa ho

Kabhi yuhi mil
Ki jaam naa ho
Koi armaan naa ho..
Gila naa ho

Kabhi yu hi mil.. Ki wajah naa ho
Koi kal naa ho.. Koi pal naa ho
Kabhi yuhi mil
Ki samay naa ho

Koi bhoj naa ho.. Koi khaawaab naa ho
guroor naa ho..
Koi fitoor naa ho

Mehviyat - Brijendra Kumar Singh

Kabhi..

Mehviyat - Brijendra Kumar Singh

Kabhi..

Koi milne Ki wajah bhi naa ho

Koi shikan naa ho..
Koi shikwaa naa ho

Jo yaad reh gayi.. Aisi koi baat naa ho
Koi aisi baat naa ho..
Jo yaad naa hone ka gila naa ho

Kabhi yu hi mil..
Ki koi sawaal naa ho.. Jawaab naa ho..
Koi ranj naa ho ..
rang naa ho

Kabhi paanch din Ki ghulami
aur do din Ki rihaaee ke baad mil

Mehviyat - Brijendra Kumar Singh

Kabhi..

Kabhi yuhi mil..
Ki tujhe mera naam bhi yaad naa ho

Aur mile to
naam pehchaan jaane ki wajah naa ho

Koi jhijhak naa ho.. Koi wajah naa ho

Kabhi yuhi mil
Ki masroof hai tu bhi aur mai bhi

Mulaakaat Ki koi wajah nahi..
Waqt nahi..Samay nahi
Par..

Kabhi yu hi mil..

Mehviyat - Brijendra Kumar Singh

Kabhi..

Mehviyat - Brijendra Kumar Singh

Ummeed

(Hope)

Mehviyat - Brijendra Kumar Singh

Ummeed ...

Ummeed se mutasir(inspired) hu
Zindagi ke Karwaan me hu
magar bheed me kam hi shaamil hu

Shikwe shikan shikaayat
ke jaagraan aur sajde ko taubaa kar..

Bas mai ummeed se mutasir hu

Naa kaafir hu
naa hi kisi qaazi ..
haakim ..sant ..
pir ..fakir
ka shagird hu

Khudaa se Kuch naa Kuch
shikaayat kahi
chupaa ke rakhta hu ..

Mehviyat - Brijendra Kumar Singh

Ummeed ...

Toh naa khudaa toh nahi
magar uski namaaz dua
prarthana upasana Ki bheed
me bhi dikhoonga nahi

.. Bas umeed se mutasir hu

Watanparsti khudadari ..
Ummeed naa ummedii Ki bas saudebaazi..

Chaar waqt ke niwale ki daud me..
Paanch waqt Ki namaaz
aur nau din ke teej tyohaar me kahi
baat kat rahi ummeed saari..

Hajj Ki daud yaa amarnath ke sakre mod..
Ummeed Ki raah me rahe hi
Chale chahe shiv ya fir khudaa ke bol..

Mehviyat - Brijendra Kumar Singh

Ummeed ...

Jhelum ke udhar Shaheed
ya fir idhar amar ..

Ek doosre Ki Ummeed ko katne me
kabhi Ram kabhi khudaa ke naam Par
is taann ya us varshh Ki
amar Shaheed
ho kar rahi ummeed saari ..

Ummeed se mutasir hu..
Na khudaa hu..
Naa kaafir hu..

Naa quran padha hu naa bhajan ka raha hu..
Naa ibaadat ka hu naa bhakt hu..

Mehviyat - Brijendra Kumar Singh

Ummeed ...

Naa muazzin ka paanch waqt ka ghulaam hu..
Naa tilak tike ya hazaaro saaal ki ummeedi
naaumeedi ka bojh me daba hu..

Naa gau se ishq me hu..
Naa suaar ke kufr me hu..

Naa quraan ka hu naa gita ka raha hu ..

Kitabe hai bahut aur bhi
jisme mai ummeed aur sukoon paa raha hu
.
ummeed Ki hi ibadat me hu..
Ummeed ka mutasir hu..

Naa khuda ka hu..

Naa kaafir hu

Mehviyat - Brijendra Kumar Singh

Ummeed ...

Mehviyat - Brijendra Kumar Singh

Asool
(Rule)

Mehviyat – Brijendra Kumar Singh

Asool

Duniya ka yahi bas asool hai...
Har ek ke waqt ka
mehengaa sastaa mol hai..

waqt aacha ho mehenge
warna Muft me hii bikte sabke bol hai..

Taraqqi ka sab ka maqsad sirf
mehengaa karna apne bol ka mol hai..
kapado ke bina ya fir Soot boot me
tawayaf ban sab
khud ko sab samjhe anmol hai..

Yaha Rishto me bhi ganit chalta hai
Paanchvi fail bhi
Jaaydaad me apni hissedaari ka hisaab
samajhtaa hai

Mehviyat - Brijendra Kumar Singh

Asool

Sanjhe ka rishtaa
waise toh lambaa chaltaa hai
Gar Batwaara aur kachehri ka ho to
paas ho ke bhi dur..
Aur dur ho ke bhi Kareeb ka nibhtaa hai

jazbaat yaha aksar Muft ka hota hai..
Imaan bikta hai .. Khuda bikta hai..
Zameen bikti hai .. Zamir biktaa hai..
Sab jaan-nisar bikte hai..

Mere sawaal bikte hai ..
Tere jawaab bikte hai
Waqt biktaa hai ..
Waqar (dignity) biktaa hai ..

Mehviyāt - Brijendra Kumar Singh

Asool

Sabab biktaa hai..
jhoot biktaa hia ..
Jism Bikta hai..
Ziist (life) bikti hai

Tujhe Mujhe maaloom bhi nahi tha..
Har pal har lamhaa tera ..
mera wajood bikta hai..

Ummeed hai nahi bikti to ..
Teri meri rooh nahi bikti hai..

Dua hai Ki tune meri rooh Ki
koi keemat kabhi nahi rakhi hai..

Mehviyat - Brijendra Kumar Singh

Asool

Mehviyat - Brijendra Kumar Singh

Mehviyat - Brijendra Kumar Singh

Qilaband

(Treched in)

Mehviyat - Brijendra Kumar Singh

Qilaband

Qilaband hai..
Kuch Dino se Qilaband hai..

Bana liye hai sabne apne bees bata Tees ke durg
Baithak me bhi Kuch ne rakh liye hai
aata chawal daal rasad ..

Aur kisi ke ghar bhookh de rahi hai
pehle doosre din hi dastak..

Niyantran rekha kashmir se badhkar dosto
jazbaaton se hokar ghar ke andar aa basi hai..

apne apne ghar mohalloh me bhi..
sarhad khich gayi hai

Nakshe se hokar lakire zameen par ban rahi hai

Rishte aur dosti pe nishaan kar rahi hai

Mehviyat - Brijendra Kumar Singh

Qilaband

Mehviyāt - Brijendra Kumar-Singh

Qilaband

Bahar galiyo me bas nafrat ghoom rahi hai
whatsappo twitter facebooko me
mazhabi siyasat ris ke tapak rahi hai..

Saansein ab siskiyon me aa rahi hai
sadak ab shehar se waapas gaaun ko jaa rahi hai

naaumeediyo ke raasto pe rukti rukaati
garib ki zindagi sarkaari kal purzo se
guhaar laga rahi hai..

Amir ko apne mehel me bhi ghutaan aa rahi hai..
Apne Qile ke aap hi Qiledaar aap hi darbaan aap hi
rasoiyaan aur aap hii
chaukidaar

hone ki jimmedaari sataa rahi hai..

Mehviyat - Brijendra Kumar Singh

Qilaband

Chote garibkhane ke ya antillia ke..
Thali bajakar aur diye jalakar kudrat ka mazaak
banane me magan hai..
Karoro aise bhi hai jo bas ek adad potli tokri ya fir bas
apne jism ke Qiledaar hai..

Qilaband hai..
Kuch Dino se Qilaband hai..
Ardaas band hai namaaz band hai
Khushi Mujhe hai Ki pandit maulvi paadri ke mooh
sab ek saath band hai

Ehsaas Afsos aur ilm shayyad ho
sabko Ki mandir masjid se
aspataal kahi jyadaa chand hai
hindu muslim sikh issai ban rahe sab..

magar daaKtar kam hai..

Mehviyat - Brijendra Kumar Singh

Qilaband

Insaaniyat bahar bikhari padi aaj
Inaaan Qila band hai..

Waqt se daud lagaati insaaniyat Qilaband hai

Khawishein Qila band hai

guzre mahine aaye iPhone ke charche kam hai..

Lazmi hai Ki Jin ke saath Qilaband hai
unse ab guftagu ka jyada sang hai..

khud ke saath chaar diwaron me rahe ..
anjaan ajnabi hum apne sang hai..

Waqt Qila band hai..
ummed bahar reh gayi..
khauf saaath Qila band hai..

Mehviyat - Brijendra Kumar Singh

Qilaband

Khushkismat hai aap ..
agar chaar deewarein sang hai

Qilaband hai
Kuch Dino se Qilaband hai

Aaj hai.. Kal the.. Kal hai..
Aane wale waqt tak Qilaband hai

Abhimaan ke.. Khokhli KHvaahishon ke..
Gumrah umeedo ke..
Kabhi kabhi hum doosro ke qile me Qilaband hai..

Azad khayaal Qilaband hai..

Kahi to hum aur tum Ek arse se Qilaband hai
Khayaal Qilaband hai
Mulakaat Qilaband hai

Mehviyat - Brijendra KumarSingh

Qilaband

Meri tumse milne Ki khwaaish Qilaband hai..

Kabhi choti Khushi me bade Dard Qilaband hai

Asal zaroorate bahut bahut chand hai..
Isiliye aaj hum Sab Qila band hai

Qudrat Kuch saansein le sake..

insaan isliye aaj Qilaband hai..

Mehviyat - Brijendra Kumar Singh

Qilaband

Mehviyāt - Brijendra Kumar Singh

Qilaband

Note : Qilaband evolved when humanity was visibly forced to live fortified life during covid.

Sadly, even without any pandemic, many amongst us lead a secluded life in urban fortifications or entrenched deep in their mind.

Mehviyat - Brijendra Kumar Singh

Alfaaz
(Words)

Mehviyat - Brijendra Kumar Singh

Alfaaz

Jab waqt tha toh alfaaz nahi the..

Jab alfaaz the toh waqt kam tha..

Ab waqt aur alfaaz dono hai to ...

sabke waqt(timezone) alag alag ho gaye hai..

Mehviyat - Brijendra Kumar Singh

Tamasha

(Performance)

Mehviyat – Brijendra Kumar Singh

Tamasha

Hum sab darshak hai..
Ardh satyaa ke ardh gyaata..
Ardh vikisit ..ardh nirmit..
Aadhe ilm par poore darje ka parchaa liye
sarv gyaata..

Sab Apne adhe adhe
satya ke aagey natmastak hai..

Aadhe adhure hum..
Is poore tamaashe ke..
Bahut chote hisse ke..
Maatrr mook (mute) darshaak hai..

Tamaam pehlu se anjaan..
Bas Apne apne pehlu par hum sab..
Adig..
aasurakshit...
Ardhsatyaa ke Ardh ish ke upaasak..

Mehviyat - Brijendra Kumar Singh

Tamasha

Seemit gyaan ke..
Apni Apni Umar ke padaav ke..
Aapsi bhed bhaav ke..
Ranjish ke dabaav me..

Sarmayadaar Ki muvaasalaat(media) ne
Jo drishyaa dikhaaya..

Sab ke subedaaro ne jis bhi dishaa me
sish ghumaane kaa
farmaan bajaaya. .

sab bas us bade drishyaa ke ..
chotey hisse ke..

mook darshak hai..

Ardh satya ke upasak..
Ardhsatyaa ke pracharak..

Mehviyat - Brijendra Kumar Singh

Tamasha

Mehviyat - Brijendra Kumar Singh

Tamasha

Jo charchit hai uske peechey khade hum
bahumat hai..

Satya jo andhkaar me hai..
Uske liye hum sarv dhwaani se
vipaaksh hai..

Aur manpasand charchit jo chook gaya..
Uske bahishkaar ka hum...
Pehlaa mat hai..

Mu'aasharae (society) me aaye jwaar bhaate (tides) ko
taktaki lagaa Kar dekhte ..
Subah.. shaam.. raat..

Tamashe me naye mod Ki aas liye ..
Pratyaaksh ya apratyaksh par atki sabhi ki saaans hai..

Mehviyat - Brijendra Kumar Singh

Tamasha

Mehviyat - Brijendra Kumar Singh

Tamasha

Khud apne ehsaas Ki Aadhi tedhi Qataaaro ko
todte jodte..

Kabhi chakravyuh ko bhedte..
Kabhi rann se mukh modte..

Apni har jeet .. Har haar ke.
Har Sune ansune vilaap ke..

Bhaav se bhay (fear) tak..
Vichaar se ahankaar tak..
Khud hum sab ek maatr darshak hai..

Chadte sooraj ke
Girte sitaaro ke..
Pratyaksh me.. Apratyakh Ke..

Mehviyat - Brijendra Kumar Singh

Tamasha

Tamashe Ke..
Tamashbeenon ke..
Ehsaas ke..
Saaz ke..

Brahmaand se pare se lekar paramaanu (sub atomic)
Tamasho Ke andar bante bigadte Tamasho ke..

Poorna satya ki khoj me ardhviksit hum..
Ardh satyaa jitni hii drishtii ko samet sakte..
Aane waala aviksit samaj ke..
Aadhe adhure darshak hai..

Apne tamashe ke kirdaar me kam..
Gairo ke tamaashe ke rahe jyaadaa..

Apne ardhnirmaan ke hum Ardh me sadaiv..

Pratyaaksh darshak hai..

Mehviyat - Brijendra Kumar Singh

Tamasha

Mehviyat - Brijendra Kumar Singh

Mehviyat - Brijendra Kumar Singh

Paani

(Water)

Mehviyat – Brijendra Kumar Singh

Paani

Paani ka katra

naa daryaa me daalna chahta hai khud ko
naa samandar me..

Naa pyaas bhujhana chataa hai
naa bhaap ban kar jalana..

Naa sailaab naa jharnaa..

Magar wo daryaa bhi hai ..

samandar bhi hai ..
sailaab bhi hai ..
bhaap bhi hai ..
jharnaa bhi hai..

Mehviyat - Brijendra Kumar Singh

Paani

Mehviyat - Brijendra Kumar Singh

Matlab

(Meaning)

Mehviyat - Brijendra Kumar Singh

Matlab ..

Bol seekhne me Bachpan gaya..

Tarjuma padhne me jawaani..

rahi umar

matlab banane aur ..

samajhne me gawa di..

Mehviyat - Brijendra Kumar Singh

Matlab ..

Mehviyat - Brijendra Kumar Singh

Mehviyat – Brijendra Kumar Singh

Muskurahatein

(Smiles)

Mehviyat - Brijendra Kumar Singh

Muskurahatein

Muskurahatein hoti hai..
Masle..masail.. bhi hote hai..

Par wo aadhe adhure hii sahi..
Mukammal khwaab nahi hote..

Log milte hai.. Dost bante hai..
Magar wo yaar nahi hote..

Aur kya hii kahu.
Bichadne par bhi..
Ab wo malaal nahi hote..

Taaruf hote hai..
Mulaakatein hoti hai..
Silsilay hote hai..

Magar wo lamhaat nahi hote..

Mehviyat - Brijendra Kumar Singh

Muskurahatein

Ekk arse se ab..
ittefaaq nahi hote

..

Log milte hai..
Magar wo mere yaar nahi hote..

Ek arse se ab..
ittefaaq nahi hote

..

Log milte hai..

Magar wo ..mere yaar nahi hote..

Mehviyat – Brijendra Kumar Singh

Muskurahatein

Mehviyat - Brijendra Kumar Singh

Mehviyat - Brijendra Kumar Singh

Waqt
(Time)

Mehviyat - Brijendra Kumar Singh

Waqt

Waqt Ki bisaat bichh chuki (spread out) hai.
Khel ka mauzuu (purpose/topic) kya hai..
Anginaat baaziyo ke baad bhi..
Kisi ko ilm nahi hai..

Har shaksh doosro ke liye pyaadaa..
Har ek shaksh..
Apni nazar me shaah kaa liye hai auhdaa.. .

Pyaade aur shaah me
koi khaas farak nahi hai..

Taaj aur Pairahan (dress)..
hataa do to farak shyaad kuch bhi nahi hai..

lakdi, patthar ya fir mitti ke pyaade..
Bisaat simategi to anjaam sabka wahi hai..

Mehviyat - Brijendra Kumar Singh

Waqt

Har pyaade me shah hone ka jazbaa hai
..
Har ek shah ko ek shikast ka fatwaa hai

Waqt Ki bisaat par..
Pyaade auhdaa badalne kaa
poora ikhtiyaar rakhte hai..

Koi bhi pyaadaa apna auhdaa naa badal sake.
shaah Ki saazishi maqsad yahi hai..

Mohron ka rang aur pukhtaa karne me
kuch khaas mushkil shatranj me to nahi hai.. ..

Naa maaloom auhdo kaa batwaara..
aur rang bhed
zindagi se shatranj me kab ghar kar gaya..

Mehviyat - Brijendra Kumar Singh

Waqt

Ya fir kisi shatranj Ki haari hui baazi ka mohraa..
Ye zehar kisi roz zindagi me bhar gaya..

Naa maalom kis roz se log dhai chaal chalne lage...
Ya fir sabse kilaband hokar rehne lage..

Unch neech ke auhde..
Mazhab.. Jaat.. Paat..
Ke rang..
Ki kaalik.
Ya.. safedi..
maloom hota hai..
Mohron ko baatnein ke liye ejad ki gayi thi..

Shatranj se alehdaa..
Zindagi me mohron ka rang aur pukhtaa karne me
khaasa saazish aur
mashakkat chal rahi ..

Mehviyat - Brijendra Kumar Singh

Waqt

Mehviyat - Brijendra Kumar Singh

Waqt

Ilm.. Daanishmandi..
Baseerat Ki pooch zindagi ki shatranj..
me hameshaa hii kam rahi ..

Inhi auhdo aur rang me batt kar..
Mohre
gar fateh hue to bhi shikast khaate hai ..

Ya fir haari baazi par gair shaah
Ki meherbaani maange hai..

Shatranj aur zidagi ki bisaat par
khush qismat mohre
ek waqt par ek hii ghar aur
ek hi baazi me rehte hai..

Mehviyat - Brijendra Kumar Singh

Waqt

magar amooman Zindagi ki bisaat par mohre
guzre waqt aur
aane waale waqt
ki baazi me ulajhte dikhte hai..

Shatranj ki bisaaat par
lakdii ..patthar ke mohre dekhe hai..

Zindagi ki bisaat par insaani mohroh ko
lakdi aur patthar kaa hote aksar dekha hai...

Waqt Ki bisaat par mohre sab..

Mohron ne
Kabhi apno ko rang badalte dekha hai..
Kabhi apno se shikast khaate dekha hai..

Mehviyat - Brijendra Kumar Singh

Waqt

Shatranj ki bisaaat par
mohre ..gayi baazi ko yaad kaha rakhte hai

Zindagi ki bisaat par insaani mohreh
ranjish ki kahaani ka bhojh
saath le kar chalte hai...

Shatranj ki bissat bichati hai..
simatati hai..

Waqt Ki bisaat par..
chote bade Mohron ki ..
Agli chaal ke intezaar me ....
Zindagi
rehti hai..

...

Mehviyat - Brijendra Kumar Singh

Waqt

Mehviyat - Brijendra Kumar Singh

Waqt

Mehfil

(Party)

Mehfil

Mera ye kirdaar bas tumhare liye hai..

Iss mehfil aur Inn safhaat (pages)

ke bahar jahan-e-kharab me

tamashaa Kuch aur hii hai..

..

Mehviyat - Brijendra Kumar Singh

Mehfil

Mehviyat - Brijendra Kumar Singh

Thanks for reading

Mehviyat - Brijendra Kumar Singh

Recommended reading

The Three Friends

Ganesh Ramanathan

WE ALL FEEL A LITTLE NUMB
SOMETIMES AND THAT'S OKAY

MIND GRAPES

PRAGATI JAIN

Mehviyat - Brijendra Kumar Singh

Mehviyat - Brijendra Kumar Singh

Iru, ainu, nishka, nivaan, nathan, noah, ayush,
shaurya, rommel, shruti, anvika, saanvika,
bhargava, sana,
lil anya's

hope you come across these pages on your own
some day

Mehviyat - Brijendra Kumar Singh

Mehviyat - Brijendra Kumar Singh

Brijendra Singh

Grew up in Delhi and have lived or travelled through US, Canada, Europe, South East Asia, Bangalore and currently reside in Sydney. By profession, I am into Information technology with keen interest in Data.

Outside of work, I dabble into photography, food, music and Mehviyat..

Mitthu..Image not generated by AI..

Mehviyāt - Brijendra Kumar Singh

Mehviyat - Brijendra Kumar Singh

Khushi to pankhh failaa kar hii milti hai..
Daud kitna bhi lo.. udaan nahi banti hai

Mehviyat - Brijendra Kumar Singh

Mehviyat - Brijendra Kumar Singh

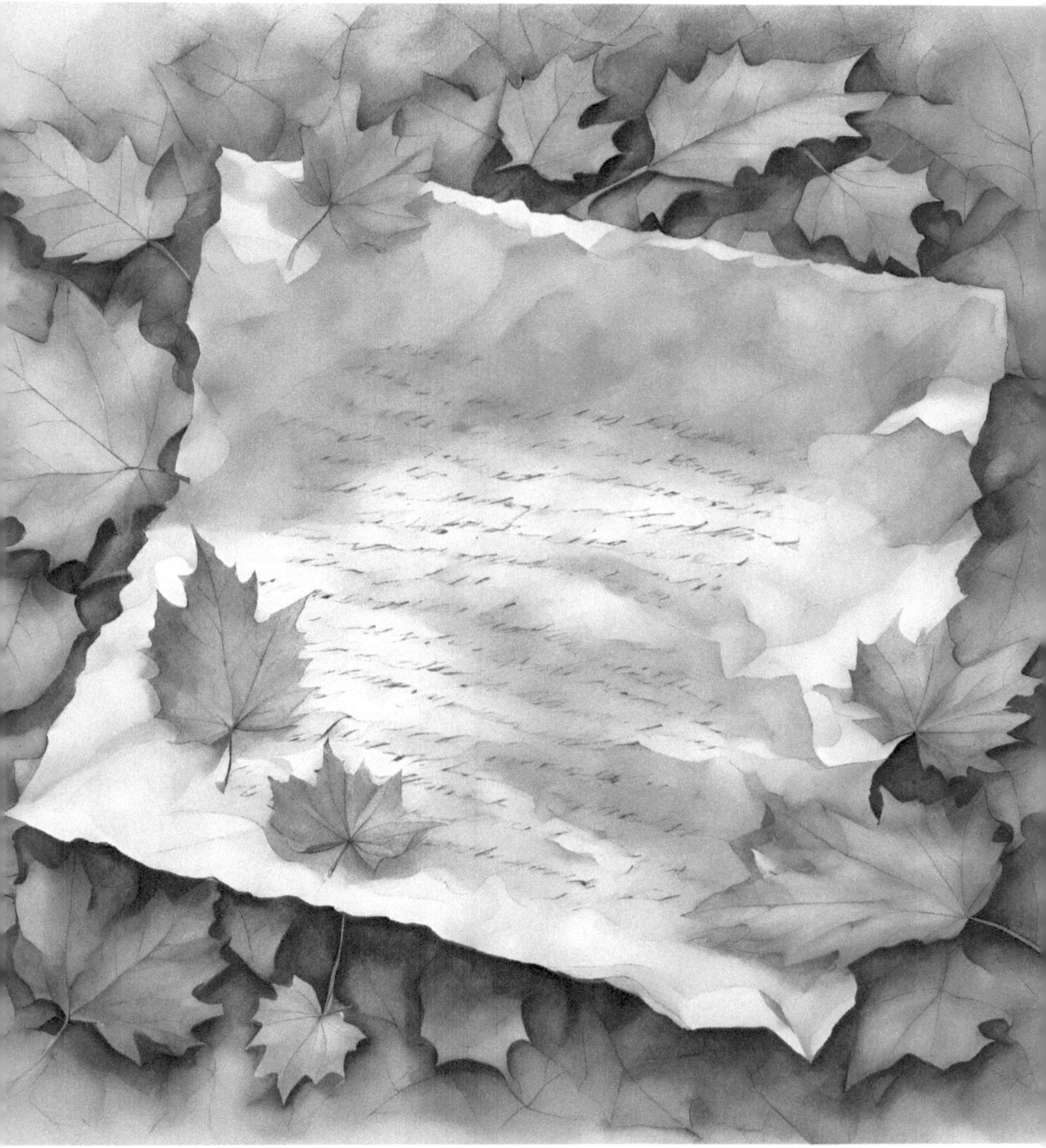

Mehviyat - Brijendra Kumar Singh

Mehviyat - Brijendra Kumar Singh